당신은 망을 보고 나는 청수박을 먹는다

당신은
망을 보고
나는 청
수박을
먹는다

석미화 시집

시인수첩 시인선 **044**

여우난골

| 시인의 말 |

메타세쿼이아를 보고 온 날이면

천 개의 가지가 손가락뼈에 서걱거린다

네가 떠나가던 곳의
높고 가지런한 날씨

저 끝에는
그 무엇도 두지 말 것

집중하면서 한 얼굴을 떠나보낸다

횡성, 원주, 담양의 빛, 사람
감사하다

석미화

| 차례 |

시인의 말 · 5

1부

물의 미사 · 15

물도서관
—로니 혼은 아이슬란드의 빙하가 녹은 물을 스물네 개의 유리 기둥에 담아 물도서관이라 이름 지었다 · 16

걸어가는 여인 —자코메티의 조각을 보고 · 18

향나무는 향기가 잘려나가고 · 20

흰 강 · 22

몸에 못이 박히면 눈이 생긴다 · 23

생일 · 24

하양 · 26

물의 나라 · 28

오월이었다 · 30

명지 · 31

그리고 물차가 지나갔다 · 32

리넨 생각 · 34

2부

후투티 · 39

왕오천축국전 · 40

그 집은 아직 희다 · 42

당신은 유목을 떠나고 · 44

거긴 아마도 · 47

시오랑 · 48

꿈—얼룩 · 50

사촌들 · 52

스무 살—그해 우리들에게 무기력은 절망의 다른 이름이었다 · 55

폭설의 입구 · 58

냉장고 문에 붙여둔 나비 · 60

설탕이 녹는 동안 · 62

토르소 · 65

그림자 발굴 · 66

3부

밤에·71

크리스마스이브·72

가족·74

하지(夏至)·76

민락동·78

화가·80

흰 꽃은 흰 꽃을 흔들고·82

달팽이·84

그녀의 골반·85

디 아워스·86

타워크레인·88

두부 생각·90

우주 달력·91

4부

네 여자 · 95

당신은 망을 보고 나는 청수박을 먹는다 · 96

향로를 보러 가지 않겠어요 · 98

아마포를 깔고 · 100

화서(花書) · 102

일요일의 언덕 · 103

근친 · 104

흰 벽의 애인들 · 106

인어 · 108

명옥헌
―한 시인이 도착했을 때 나비 두 마리가 놀고 있는 줄 알았다고 했다 여자는
 눈이 멀었고 딸은 얼굴이 꽃같이 예뻤다고 했다 · 109

곁 · 110

무무 · 112

해설 | 송재학(시인)
흰 산으로 남은 슬픔의 이해 · 113

1부

물의 미사

그 여름 나는 신의 정원에서 살았네

찾아오던 새가, 저녁에 죽어
더 이상 기다릴 수 없었네

저녁마다 물의 미사가 이루어지고

구름이 남쪽에서 북쪽으로 몸을 바꾸자
새는 사라지고 흰 책이 펼쳐졌네

신이 꾸는 꿈은 바람의 기슭에 닿지 않았네

새 발자국이 메타세쿼이아 가지에 끝없이 찍혀
얼음의 기록들이 일렁였네

물도서관
― 로니 혼은 아이슬란드의 빙하가 녹은 물을 스물네 개의 유리 기둥에 담아
물도서관이라 이름 지었다

그에 대해 나도 할 말이 생겼다 물을 흔드는 물소리
아득한 옛날로 흘렀다 내 할아버지가 들려주던 이야기

고향 집 뒷산에는 이상한 동굴이 하나 있었다 할아버
지는 폭염이 시작되면 나를 데리고 영산으로 들어가곤
했다

차고 시린 물이 떨어지던 옆으로 띠풀자리를 만들었다
누워서 듣던 물방울 소리

저 투명한 속은 슬픔이 없는 곳이란다
메아리가 울렸다 스물네 개의 빙하를 돌아들었을까
알 수 없는 물음이 일렁거렸다 물방울이 웅덩이로 떨어
지는 동안 누구의 얼굴도 떠오르지 않았다

얼마나 잤을까

애야, 이제 가자

동굴 속 얼음물을 유리병에 담아 오던 어스름 녘이었다 환생은 저 빛으로 올까 잠들어 본 일이 있었을까 물빛은 흔들리며 아득한 옛날로 흘렀다

걸어가는 여인
— 자코메티의 조각을 보고

물컵을 바라보는 일이
여백 바깥으로 걸어갑니다

손을 대지 않아도 넘어지는 물컵
오늘은 이것만을 생각합니다

오후 여섯 시가 되면
길쭉한 물컵

그날도 이랬을까
몸통과 다리만 남은 여인을 생각합니다

물컵은 무언가를 담았고 수없이 흘려보냈습니다

어쩌면 귀울음이거나 기울어지는 세계

나는 거기 없고
너도 거기 없는

어느 눈 앞이었습니다

물컵에 맺힌 물방울
물컵에 비친 위장약
물컵에 쏟아지는

오래 붙들려 있는
일을 생각합니다

저녁이 되자 물컵을 멀리 두었습니다

여백 바깥으로 여인이 걸어갑니다

향나무는 향기가 잘려나가고

1
뭐가 두려운 거지
거울 속 그림자들

처방받아온 비누를
욕조에 푼다
포장지에 쓰인 먼 나라 이스라엘
거품이 차오르고
거울에 물안개가 피어오르고

식은 물에
소금기 묻어난다

2
   정원사는 가위질을 멈추지 않는다 열흘 전부터 그 일만 하고 있다 향나무는 향기가 잘려나가고 새는 울컥울컥 허공을 삼킨다

우는 아이 목덜미에서 얼음 깨지는 소리

3
늙은 아버지들이 내기 장기를 두고 있다 술잔을 물 위에 띄워놓고 노을이 들이닥치는 것도 모른 채, 이스마엘이 누구인가

거품은 잦아들고
나는 보이지 않는다

말을 속삭이고
숨을 불어넣고

방주를 만들어야 해
내 몸을 일으켜 세우는 한낮이 올 때까지

흰 강

언젠가 강바닥을 퍼내자 슬리퍼가 딸려 나왔다 왜 혼자 거기서 죽었지, 말들이 떠돌았다

아이들은 가끔 고열을 앓았다 흙마당에서 굿판이 벌어졌다 당고모는 물고 있던 칼을 강 그림자 바깥으로 던졌다 백동전을 주으러 가는 새벽

강은 매일 허옇게 변해갔다 한 번씩 서로의 몸을 엮어 물살을 거슬러 올랐다

우리는 영구차 먼지 속에서 미루나무처럼 크고 싶었다

몸에 못이 박히면 눈이 생긴다

주먹을 쥔 한 소녀가 잠에 빠져 있다
소녀는 돌을 매단 채 물속으로 내려선다

스모키 화장이 번진 눈가
새어 들어오는 빛을 잡다가 놓친다

새벽 지하철 안, 소녀는 바닥에 처박힌 듯 별안간 눈을 뜬다 울음은 입 밖으로 흐르지 못한다 진흙 인형처럼 물결을 붙들다가 실눈을 뜨면 뱀이 지나가는 열기 검은 빛의 물속

생일

그 방엔 뱀들이 산다

죽은 뱀들은
알코올에 담겨져 있다가
내게로 들어온다

밤마다 우는 아버지
독기가 바닥나 온몸에 독이 퍼져 나간다

기억나세요,
뱀 아가리에서 히아신스가 필 때
어머니가 실려 갔어요

죽어도 똬리를 틀며
들이닥치는 햇발 번뜩거리며

 비가 비수가 빗금 쳐요 달아나세요, 멀리 가버리세요
아버지

소문이 번져요
이제 저 유리병을 치우면 안 될까요

애야, 허덕이는 허공이잖아 갈라진 혓바닥이잖아 울음이 다시 시작되었잖아

오늘은 내 생일인가 봐

하양

모래무지 눈에 피가 맺히는 길을 지나

목을 베도 살아있는 적들

여뀌를 짓이겨 눈의 고름을 닦아내는 한나절

물소리 발자국 씻고 다시 잇는 강돌을 지나

흉터의 이마에 백색 입김을 스치며

환삼덩굴 그 이름으로 머릿속의 뱀을 더듬어보고

어디가 아픈 것이지
회복되지 않는 눈빛이여

휩쓸려 드는 잎같이 상주가 두고 간 옷같이

저 흰 꽃을 얹고 마주한 눈빛 어둠인 채

다리 밑에 떨어져 죽었던 서른이 있었다

물의 나라

 내가 죽었다는 날, 비가 내렸어요 빗소리로 가득한 물의 나라가 그려졌어요 그리하여 꿈꾸게 되었을까요 꿈속까지 밀고 들어오는, 비가 이루는 크고 푸른 파문의 한 호흡이 있었어요

 어머니, 물이 제 몸을 지어요 두 귀엔 물소리, 몸은 허물어지고 허물어져요 어머니, 제 몸이 물을 지어요

 파도를 견디며 종을 울리며 종소리에 빨려들었어요 물거품이 일렁였어요 바닷속 종이었을까요

 어머니, 저 여기 있어요 빗물이 들이차는 사월이잖아요 노래를 흥얼거리면 추워져요 오세요 검은 햇볕의 사월이 곧 가잖아요 오지 마세요

 내가 죽었다고 했으나 죽지 않은 몇 해 전, 끊임없이 비가 내렸어요 깊고 어둡고 푸른 물의 나라가 그려졌어요 그리하여 꿈꾸게 되었을까요 바닥까지 밀려오는, 물

이 제 몸을 지어요

 어머니, 어머니의 목소리가 들려요 어머니의 울음이 들려요 들리지 않아요

오월이었다

  한 아버지가 편지를 읽었다 부칠 수 없는 편지였다 또 한 아버지가 편지를 읽었다 떨고 있는 다른 아버지에게 전해졌다 아버지들의 목소리는 먼 곳에서 들렸다

  돌아오지 않는 아이들, 구름은 재를 내려보냈다 그곳에선 구름 속의 새를 볼 수 있었다 키리에 엘레이손(kyrie eleison) 침묵이 울렸다

  아버지는 아이들이 있는 곳으로 가고 있었다 긴 유리병에 실금이 나고 부패된 꽃잎이 날아왔다 목을 끌어안은 바람은 버려졌다

  한 아버지가 편지를 읽지 못했다 한 아이가 아버지의 편지를 읽지 못했다 세상에 없는 바다가 있어요 바다에 없는 우리가 있어요 아버지 어깨에 기대 잠들고 싶어요

명지

  우리는 그날 어디를 가고 있었다 옆자리 너는 말했다 손이 많이 늙었네

  대기 속에서 잡고 있던 손은 어떤 모양이었지

  백합을 전해 주던 온기였고 흰 달이었고 백합 골짜기 무덤을 쓰다듬던 저 너머였지

  우리는 명지를 지나도록 명지에 내리지 못했다

그리고 물차가 지나갔다

1
눈덩이가 사해로 떠내려가는 꿈을 꿨지

새벽부터 눈이 내려 뜨거운 두부가 먹고 싶어졌어 너무 많은 바람이 궁금할 때 꽃은 지는 것이라고 눈발이 유리창을 휘갈겼어

메스꺼운 듯 흰 새를 게워내는 산소리들

가끔씩 무화과나무에 집을 지을 생각도 해봐 눈은 녹지도 않고 삼킬 수도 없어 잎을 덮어 잠을 자고 가지를 당겨 어둠을 엮으면……

2
흔들리는 너를 잡지 못했지 단 한 번의 흰, 그리고 붉음으로 몰려든

물차가 지나갔어 어쩌면 백일홍의 열대 분홍 쪽으로

너를 불러냈을 뿐인데 달 표면을 그리듯 느리게

  헤아릴 수 없어 너무 많은 빛

  어디가 얼마나 아팠는지 몰랐어
  또다시 물이 뿌려지고 돌아드는 달집에 너를 묻었지

  이름을 부르며 뒤따르는 물차가 한 계절과 함께 사라
졌다

리넨 생각

열여덟 조각 리넨 커튼을
방에 펼쳐 놓았다

나는 한 생각이 들었다

언젠가 공중을 타오르는 무희의
손가락에서 펄럭이던
흰 천들

날아오른다

잠시 누웠다
창을 열고 누웠다

나는 이곳까지 와서
리넨 열여덟 조각에 사로잡힌다

예레미야 수녀의

머릿수건만큼 깨끗하게 바라보았다
눈물이 나려고 하자

비춰드는 허공의 길이도 재어 보았다
열여덟 폭은 서로를 엮고 있었다

저 많은 빛을 찾아 나는 여기에 왔나

 무희의 춤인 듯 자작나무 그림자가 흰 강과 언덕을 건너가고

 더 날아오르자

하지만 곧 어두워지는데
오늘 압정을 박아 벽에 걸어 두지 않으면 나는 내 몸을 못 박아둬야 한다

2부

후투티

빛 속에 빙각을 짓는다

티르티르 티르티르

아름다운 순간마저 놓아버리는 힘

허공을 넘어선다는 건
여름에 눈이 올지도 모른다는 것이다

왕오천축국전

 당신의 서신이 도착했다는 소식이 장안에 파다했습니다 천년이 더 걸려 편지가 도착하고 이 나라엔 자꾸만 눈이 휘몰아쳤습니다 천년을 돌아온 길, 또 천년이 흐를까 봐, 나는 천안의 거처에서 새벽 눈을 뚫고 올라갔습니다 천안과 안서*까지의 거리가 꿈결인 듯 펼쳐진 능선은 끝도 시작도 없었습니다

 눈들의 집결지 안서는 당신이 도달한 곳 잠들지 않는 눈, 천수천안은 내가 이를 곳입니다 당신 눈 속의 천산은 두려움을 모르고 나의 눈물 속 물음은 적요를 모른 채

 당신의 전갈은 밤새 쌓이고 쌓였지요 눈은 거침없고 사방 흰 두루마리를 미리 펴주었습니다 몰아치는 눈발을 안섶에 여미고 가는 행적, 손을 뻗어 쓰다듬으면 되돌아 나올 수 없을 것 같은 서역, 당신이 보았던 산마루 바라듯 그 남은 하루를 돌아들면

또박또박 쓴 정자체를, 긴 밤 소사나무 위에 내린 눈발의 획들을, 행간마다 내려앉는 당신의 숨소리를, 그 나머진 못다 읽은 멀고 먼 폭설이었습니다

 안서(安西)에서 서안(西安)으로 흘러든 족적,
 어디서부터 어디에 이르렀다는 안서(雁書)의 시편들은 천안(天眼)을 휘돌고
 마지막 순례지를 지워버린 이국의 눈밭 당신이 찾은 한 구절은 무엇이었나요

 이제 어디로 갈까요 조금 전까지 내 옆에 있던 그를 못 봤나요 아무도 없었어요 저녁 눈 속으로 들어갔나요 저기 어딘가 흰 산이 우는 소리 따라갔나요

---

* 開元十五年十一月上旬 至安西 : 개원 15년 11월 상순에 안서에 이르렀다.

그 집은 아직 희다

헛간
그는 평생을 걸어 그곳으로 들어갔다 폭염이 내리는 마당, 다북쑥 연기가 피어오르고 불안한 눈은 어둠을 틀어막지 못했다 불을 물고 있던, 헛간은 늘 바깥으로 고리가 채워져 있었다

소년 소녀
뒤뜰 땡볕, 송장메뚜기를 잡아 강아지풀에 끼우는, 냄새 없는 놀이, 목을 앞으로 꺾으면 어김없이 나오는 흰 막, 풀대를 밀어 넣으면 액도 없이 앞쪽으로 빠져나오는 깃발, 서로 올라타는 송장메뚜기를 구멍에 끼우는

뱀 대가리
독 오른 뱀 처마 밑까지 기어오르는 소서(小暑), 새끼새, 호박꽃 입속 힘껏 찢어 보인다 울지 못하는 어미, 겁 없는 사촌은 사다리를 타고 오르고 저 역린, 몸통만 떨어져 나온다 관솔불 놓아 푹푹 고아 먹는 보름달 어디선가 떨어져 내린 뱀 대가리

춤

 구덩이를 파고 무지개를 뜯어 태운다 사과나무가 타오르다 매 맞던 눈빛 달아오른다 거울을 던져 넣을까요 굴렁쇠를 굴려 넣을까요 근친은 이제 없다 죽은 그가 묵묵하다 집이 사라지고 마당으로 가득 찬 연기, 뻐꾹채로 춤춘다

당신은 유목을 떠나고

차라리 당신은 유목을 떠나고

내가 뭘 쓸 수 있을까 생각하는 밤

당신의 남쪽에 머무르는 동안

어디까지가 꿈인 줄 모르고 흔들리는 나날들

백리향 소식을 전해오고

당신의 고단을 엿본 후 쓰는 일에 허공을 맡기고

 떠도는 밤은 검은 물과 돌 같은 밥이 기다린다고 새까맣게 그을린 달이 뜬다고

 나는 깨끗한 물을 넘치게 흘려보내고 잠을, 허비하고

 더 이상 쓰지 말아야지 생각할 때마다 누런 천막이 내

이마에 진을 치고

  오직 황혼에 잠시 걸터앉을 수 있는, 당신이 참담해질수록

  꽃의 그늘은 확장되고

  쉰 목소리의 북쪽, 몇 번의 붉은 무릎으로 피어나고

  꽃도 잠결에 지나지 않는다 꽃 속으로 사라져 버릴 듯,

  써지지 않는 당신을 떠올릴 때마다

  구름의 유목을 떠났던 베두인족 사내가 생각나고

  순례를 마치고 올

  벌판의 바람에 대해 나는 듣지 못하고

당신의 검은 눈 속에서 죽은 별이 서걱거리고

거긴 아마도

  위태로운 생사니까 노을이 펄럭이니까 아득한 발밑까지 풀어놓은 절개지

  차마고도에서 만난
  소금 빚던 처녀
  그녀의 하얗게 바랜 치마가 아니더라도
  미라로 발견된
  여인의 아랫도리 감싸고 있던,
  바삭거리는 밤이 아니더라도

  꿈속에서 보았을까
  그라디바의 발뒤꿈치에 닿은 흰 자락
  그 걸음걸이 따라가고 싶은 바람이 아니더라도

  어디까지 내밀렸는지 모른다
  치맛단에 저문 저녁을 닦아내고 있다

시오랑

칸나를 보고 구토를 했다는 네가 생각나

자신에게 일어날 일을 모르는 것처럼
비가 와
가랑비 속에 나비가 날아와

꿈을 꾸고
씻었던 손을 자꾸만 씻어

왜 나비가 멀리서 울까
목구멍도 없이 울까

우체부가 오기 전에 칸나를 보고
젖은 빨래를 걷고
저녁 저수지를 한 바퀴 돌고 올 예정된 시간

한 잠에 두 편의 꿈을 꾸는 일

아침부터 저녁까지 무엇을 하십니까*
덧나는 게 낫는 것인 줄 알았습니까

* 에밀 시오랑 "아침부터 저녁까지 무엇을 하십니까"를 빌려옴.

꿈
— 얼룩

1

몸을 구름 속으로 말아 넣고 벌거벗은 채 있었다 얼굴 모르는 남자가 사제복을 입혀주었다

의자 밑에 깔린 백지를 쪼아대고 금 간 종이를 저녁 내내 붙이고 있었다 바람이 불지 않았다 나는 없는 새였다

원하는 게 있으면 말을 해 말을 해야 알지, 눈 뜨고 올려다보면 물속에 누워 있었다

2

어느 날 나는 태어난 방으로 들어가 문고리를 잡고 버텼다 처음부터 문은 없었다

발밑에서 코바늘이 밟혔다 목이 긴 병에 넣고 마개를 닫았다 유리병 안에서 뱀이 꿈틀거렸다 얼어붙은 개펄을 건너가고 있을 때였다

원하는 것이 무엇인지 모른 채 누워 있었다

3
옥양목을 빨아대면 내가 만져본 첫 물인 듯, 흰 갈기가 끝없이 풀리고 있었다 강 끝에서 핏물이 번졌다

나는 내 눈동자와 입을 맞추고 있었다 눈 뜨고 올려다보면 물속에 누워 있었다
물 밖으로 나갈 수 있을까 젖지 않았는데

사촌들

우울한, 목 긴 물푸레를 키우고
적진으로 향하는 낡은 목선을 끌어요

오지 여행을 하고 돌아와 무너진 다리 같은 산간오지가 되어버렸어요
아포 여관에서 자살을 기도하다가 그 소읍 구급대원이 되기도 했어요

몰랐어요, 누이에게 간을 이식받아 족도리풀 꽃처럼 숨어, 사력을 다해 산 보름이었대요
더 이상 풍문은 없어요

머리 위에 구름 왕국을 만들고
왕관 속 앵무새를 숨겼다가 간혹 산책시키는 족속도 있어요
층층 아래, 분위기를 달리하는 부류들은요
제트기가 몸 비트는 방향을 꿈꾸고 빙벽을 타며 발아래 낙법을 단련시키기도 해요

비일비재해요 지평선이 붉어지는 건…… 몇 년간 소식 없다가 그림자를 발굴하러 다닌다고 했어요
 돌무덤에 묻힌, 한 장의 캄캄한 그런 소식 오지 않았으면 좋겠어요

 잊히지 않는 일은요
 열병을 앓고 난 후 산 한 채가 달팽이관 속으로 빨려 들어갔어요
 가끔 모이면 펼쳐보는 사진이에요

 그날엔, 꿈을 북북 찢어 날렸어요 다 버리고 몸이 요구하는 소리를 따라다니며 아직 나비잠을 자고 있는 돌 책상 앞의 무릎,
 손바닥이 뚫리고 방아쇠를 당길 수 없어 허공에 잠금장치를 풀었죠

 자아, 오늘 밤만은 편안히 자고 떠나도록 해요

이곳 생과 혼숙을 하고 자란 사촌들
어느 혹성, 혼성 듀엣의 비밀을 가지고 있지요 제물과 재물의 불씨는 혈육지간

별이 돋는 밤마다 물을 긷고
야생의 말들을 길들였다가 멀리 풀어주는 법을 잘들 배웠어요

우리는 여전히 골짜기를 움직이고 물살을 가로지르고 싶어 해요 북극여우처럼 잠시 침묵했어요 둥근 테이블에 둘러앉아 다들 잘 살아갈 듯 외로웠어요

이제 안녕,
결혼식을 끝내고도 다들 싱글처럼 잠시 머물러요

스무 살
― 그해 우리들에게 무기력은 절망의 다른 이름이었다

우리는 목련 아래 둘러앉아 스무 살을 가늠해보았어요

살 안에 흐르던 노래는
한 무리의 구름에게 맡겨졌고
늙은 얼굴을 한 내일과 대면했어요
돌아앉은 헤겔이나 니체가 그 무슨 차를 주문하기도 했어요

죽어가는 부리에 젖은 실 물려주는
바람결의 편지가 있었나요
헛헛한 소리 뱉어내는 새떼들 간혹 몰려들었나요

그래요 그랬던 것 같아요, 스물은 꺾인 꽃다발을 들고 인사했어요

뜨거웠나요, 붉은 벽돌담 타고 가는 담쟁이
노닥거리는 사이, 유적의 고샅을 내다봤어요
해를 몰고 가는 남루한 옷차림의 목동은 더 이상 보이

지 않았어요
  물 길어 올리는 처녀들도 샘가를 떠났어요

  그곳에는 빌어먹을, 스무 살이 서사도 없이 도착하고 있었어요

  여기 어디쯤에서 춤을 추고 싶은 적 있었는데
  하루에도 몇 번씩 목련 불안한 꽃봉오리를 올려다봤었는데
  요일은 들어맞지 않고 방은 어둠 쪽으로 기울었어요
  또다시 물컹해지는 대낮의 부패는 없었어요

  간혹, 지금이 마지막인 듯 거품 속인 듯 스무 살의 나이를 넘겨보기도 했어요

  서로 눈 맞추지 않으려 애쓰는 동안
  심장에 못 박히는 소리 필요하지 않은 동안
  허공은 점점 허물어지고

누구도 어설프게 슬퍼하지 않았어요

폭설의 입구

 발작하는 허공이라고

 눈발과 눈발 사이 반 박자 늦어진 그렇게 문득 소름 돋는다고

 사이프러스 그림자 초록을 벗기 시작한 입구라고

 뒤늦게 찾아와 이면도로에 몰린 텅 빈 바람 발자국이라고

 아, 그때 무슨 일이 있었던 거냐고 내가 나에게 묻는 듯하다고

 낙타새가 흘리고 간 깃털이라고

 깍지 낀 손가락 두 손 모은 몰약이라고

 부러진 구름 능선 백 년 전 굴뚝, 백묵 가루 흩뿌려놓

고 분향하는 거라고

  써갈겨대지 못한 사랑 휘몰아치는 자욱한 속지라고

  아무것도 보지 못했다고 아무것도 말하지 못했다고

  너무 안 늦었냐고 아직 이른 게 아니냐고 사라질 수 있겠냐고

냉장고 문에 붙여둔 나비

　삼만 마리의 나비 분진을 만지고 그는 한 줄을 써나갔다

　아직 보지 못한 나비를 찾아 나섰다 날아가서는 오지 않는 기척을 기다렸다

　북방의 이슬 마르기 전, 산제비집 구멍 앞에서 만난 어스름 백두 빗돌 아래 두메양귀비꽃 속잠, 절해고도 얼음 땅에서 마주친 홍점

　태양을 묻어둔 날개 찾아 헤맸다 노을녘 불타는 나비 속에 오래 서 있었다
　처처, 유리창나비에서 암수한몸인 줄흰나비까지였다

　눈꺼풀 아래 이름 짓는 내내 접었다 폈다 피어나는 몸짓, 눈짓들

　삼만 마리 나비를 풀어놓고 멀리 불빛에 춤을 추는 누

군가 있었다

 그 어느 날, 나비밖에 모른다고 말하며 그는 죽었다

 내 할아버지의 할아버지 석주명, 그의 나비잠을 바래도록 냉장고 문에 붙여 두었다 한밤중 문을 여닫을 때마다 표본실의 불이 켜졌다 냉기 속에서 나비를 분류하고 있는 그, 불빛을 여닫을 때마다 날갯짓 소리가 소스라치듯 났다 꽃의 한 자락이 가려운 그는 잡힐 듯 잡히지 않았다

설탕이 녹는 동안

그녀가 설탕을 쓰는 법은 독특해요

그녀가 처녀 적엔요
마릴린 먼로의 그 감미로움 한 스푼만 떠내오고 싶었지요
그 여백의 색깔 운운한 것은요, 그때 즐겨 손댔던 가장 밝은 톤의 어둠,
백설탕이었을 테니까요

고백컨대, 그녀의 민낯이 누렇게 발효되었다는 걸 이제 알 만한 사람은 다 알지요
제 살결, 제 격에 맞는 맛
그때부터 우울한 달무리, 먼 色을 고집했어요
그녀는 구릿빛 슈거의 아린 맛도 알아냈어요
몸에 녹아드는 속도에 따라
점차 과감해져 갔어요 황량한 맛도 취해봤어요
잉카, 그 까마득한 고원의 원주민을 영혼으로 불러들였어요 절절한 황하의 그 노랫소리도 간혹 귓속으로 녹

여 먹고 싶었지요

  이제껏 도정(搗精)의 나날이었던가요

  그런데 말이지요
  뒤늦게 한 사랑은 깜깜한 밤, 그 어둠의 살갗을 도톨도톨 만지고 싶은 거였어요 혓바늘이 돋도록,
  끝없이 끝없이 맛보고 싶은 거였지요
  아직도 바닥에 닿지 않는
  그 검은 설탕이 녹는 동안*의 재즈는
  위험한 무릎 위의 시간, 무릎쓰는 동작이었어요
  밤의 거품 속 내 몸 남김없이 오르내리고 싶은 거였지요 하지만 끝내
  그 뒷맛마저도 씁쓸한 일이었지만요

  내 저녁의 양념통들
  내가 써 붙인 백설탕, 황설탕, 흑설탕,
  서사적으로 때론 퍽이나 낭패스럽게

확 쏟아져버려요

그런데 말이지요

마구 섞여 구분이 되지 않는 나날은 왜 더 달콤해지는 거지요

* 전경린의 소설 제목.

토르소

1

그녀는 애인을 빚는다 점토의 정확한 분량으로 휘젓는 그림자, 가슴을 빚다가 흘러내리는 눈썹에 머문다 눈은 완성되지 않는다 어둠이 토해 놓은 흰 살덩어리, 대낮은 홀로 굳는다

아 얼마나 흘렀을까 반죽의 시간을 견디고 있다

2

그녀에게 당도하는 눈빛이 먼 곳으로 빠져나간다 한 덩어리의 반죽인 듯 붙어 있는 몸, 표정은 끝내 금이 간다 구석으로 물러서는 골목, 고양이가 제 목덜미를 물어 뜯고 있다 흔들리는 애인은 다가갈수록 마무리되지 못한다

3

진흙 한 덩어리를 또 주문했다

그림자 발굴

*

당신과 나는 절터를 떠돌다가 우연히 호박돌 앞에 서게 되었지요
돌확 속은 천 년 전에 내린 빗물로 투명토록 옹골찼지요
한 물결이 일어나고
당신과 나 초이레 달과 검푸른 알락나비로 물속에 비쳤지요
물속 저 나라에서는 어른거리는 달과 나비로 살았을지도 모를 일
천 년 전 맞바람이 일렁거리자
월식의 입맞춤, 우주 속에서 나비가 달을 먹고 달이 나비를 먹고……

*

꿈결인 듯 물결에 손바닥을 대고 잠시 눈을 감았지요
눈꺼풀의 순간을 뚫고 천지간 배밭이 보여요 산란하는 배꽃이 소리 없이 절정이었고 또다시 바람의 입구를 통

과하자 배꽃을 찾아드는 나비, 나비는 가벼운 먼지를 안고 달밤을 날고 있었지요 나비와 달이 아름다운 건 용기를 내서라도 만나고자 하는 몸짓 돌확 속에 든 두 그림자, 물의 나라 국기처럼 펄럭, 펄럭거리고

3부

밤에

밤에 더 이상 시를 쓰지 않았다 내가 견디는 모래 바다, 이리저리 방향 없이 길을 잃었다

빛이 사라지고 멍든 곳마다 사막나비가 죽어 있었다

실뿌리가 입술 위로 뻗어 오르고, 부옇게 부풀어 오르는 어둠, 세상의 모든 가시나무새가 상중(喪中)인 듯 고요했다

가끔 읽은 구절을 떠올리며 이 세상에 일어나지 않은 일은 없다고 중얼거렸다

땅속에 소중한 것을 묻어둔 채,

크리스마스이브

 모두가 추위로 일그러졌을 때 사람들은 서로에게 평화로워 보인다고 말했지

 미사보다 떡국을 먹고 싶어 크리스마스이브날 대성당으로 갔어 젊은 사제가 떡국을 끓이고 있었어

 돌아서서 곧 오백 인분을 더 끓인다고 했어 온통 웃음을 지으며 오늘은 평화로워 보이는 사람들의 날 천사여 어서들 오세요 누군가 말했어

 김 서린 얼굴들은 십자가를 올려다보며 내리는 눈발을 맞으며 떡국을 맛있게 먹었지 조금씩 젖으며, 조용히 뜨거운 국물을 먹고 있었지 끝없이 눈은 내리고

 붉은 트리가 세워진 십자가 아래
 몰려온 무리가 줄어들지 않고
 돌아갈 곳이 없는 사람들은 불빛을 바라보고 있었지

천사여 이제 어디로 가나요 그날은 참 슬픈 날이었지 얼어붙은 표정으로 일그러졌을 때 하늘을 올려다보며 찬미하자 찬미하자 또다시 몰려오는 눈구름, 모두가 더없이 좋아 보인다고 말하는 날이었어

가족

 검은 산 아래 귀신집 살림살이라고 누가 써놓고 갔다 봄날, 귀신같은 사람들하고 살아가는 시간이 길어졌다

 내일 언제 떠난다고 했지

 뜨거운 냄비를 상 위에 올려두면 문이 저절로 열리고 닫혔다 술병이 쌓인 만큼 돌아갈 길은 더 멀어졌다 바깥만 바라보는 일에 반쯤 혼이 나간 여자는 가족은 그러면 안 되지, 중얼거렸다

 이제 아무것도 할 수 없다는 게 참, 그렇지

 비 오는 날에는 맑게 앉아서 앞으로의 거처들을 말했다 조용한 분위기가 이어지다가 점차 거세지는 빗소리가 들렸다

 해야 될 말보다 하고 싶은 말만 쌓여갔다

검은 산에 불타는 얼굴이 겹쳐 보이고 천장에서 거미가 내려오고 밤에 보는 거미는 불길하다며 서로를 몰아세웠다

그래도 여기 살 만하지 비가 그치면 이만한 데가 없지 분명 누가 돌아보았는데 다시 만나자는 말이 나오지 않았다 밤이면 창문에 어른거리는 것이 있었다

하지(夏至)

사람들이 조명 속에서 빛나고 있었다

누군가를 부르자 잘못 불린 이름이 대답하기도 했다

모두들 조용한 행진을 지켜보고 있었다

지금은 먹장구름이 머무는 긴 낮

마지막 노래처럼 글로리홀 정오

창밖으로 모래 해변을 바라보았다

바닷가로 돌아간 새들은 날개를 떨구었고

기념사진 속에는 희고 검은 돛들

돌려진 접시들이 거둬지고

축가는 바다로 흘러갔다

팔을 허공으로 뻗어 올리는 기도가 시작되면

끝없이 밀려가고 밀려드는

검은 모래 해변

어제는 장례식을 오늘은 결혼식을

오래전 얼굴들이 그림자 없이 어두워지고 있었다

민락동

어둠이 내리고 장을 마친 그들이 집으로 돌아갈 때 그 장터 윗재(上岾)에는
늦은 봄까지 녹지 않는 작은 눈들이 그 길을 밝혀주었다.
상재(商才)들은 그 고개를 소설상재(小雪上岾)라 불렀다.

민락동 골목길에 있는 중식집 소설상재,

격자 창문은 이야기 속으로 들어가는 입구 같아
환한 바깥을 내다 놓은 우리는 마주 앉았다

청춘, 브라보 붉은 글씨가 써져 있는 소주잔, 출렁거리는 술잔은 자주 넘쳐났다
파도 소리가 간간이 났다 한 사람이 떠난 소식을 들었다 한 뼘 거리에 있는 바다는 들어찼다가 밀려나갔고

신발 속에는 털어내지 못한 모래가 가득했다 민락과 안락에 대해 생각하는 사이 국물이 식어가는 사이 아무

도 청춘에 대해 말하지 않았고

  우리는 슬그머니 빠져나가 해변을 거닐다 돌아왔다 눈시울이 닿은 곳, 수평선은 부풀어 올라 있었다

  늦은 봄까지 녹지 않은 작은 눈들 그 희미한 빛을 생각하며 우리는 자주 브라보를 외쳤다

  민락동 좁고 가파르고 미끄러운 길을 돌아들어
  격자 창문 속 섞여 드는 사연들은 풀어내고 쓰다듬고 되비추고 있었다

화가

 그녀는 오십 명의 아버지를 그리고 있다 오십 명의 아버지가 그녀의 방에서 웃고 있다 웃고 있는 아버지는 투병 중이거나 얼마 전 돌아가신 아버지다 아버지의 얼굴은 분홍이거나 불그스름하다 그들은 오십 명의 딸들의 아버지다 주름을 완성하는 동안 아버지가 그녀를 보고 있다

 그녀의 아버지들은 마도로스였고 우편배달부였다 평생을 월급쟁이로 살았고 고되게 땅을 팠다 양치기는 없었을까 막노동꾼, 일용직 노동자도 저 속에서 환히 웃고 있다 집에 불이 나 간신히 남은 아버지가 화폭에 가득하다 그녀는 아버지를 정중앙에 앉혔다 나를 왜 사랑하지 않았어요? 그녀는 아버지의 눈빛을 바라본다

 그녀의 아버지들이 글썽거리고 있다 아버지의 눈 안에 그녀의 딸들이 글썽거리고 있다 한 벌 가장 깨끗한 옷을 입은 오십 명의 아버지가 세상의 딸들에게 손을 내밀어 어깨를 쓰다듬고 있다 백 명의 아버지가 천 명의 아버지

가 흔들리는 벽을 세워두고 흑백의 어두운 방을 채우고
있다

흰 꽃은 흰 꽃을 흔들고

1
며칠 사이 아까시꽃이 먹구름을 지고 있었다
북쪽까지 간 벌들은 다 돌아왔을까
저 건너편은 꿈속인 듯 하앴고
흰 모자를 덮어쓰는 날이 계속되었다

2
아버지는 벌치기였다
몸에는 벌 냄새가 배였다
늦봄이면 벌통을 싣고 민통선까지 올라갔다

3
몸이 뜨거운 밤들
한탄강이 귓바퀴로 흘렀고
검은 솥단지에 강물을 길어왔다
천막 바깥, 새벽별이 팔뚝으로 흘러내렸다

4

벌하고 있을 때 나는 가장 행복했다
새벽녘 일벌들이 가랑비 소리를 내면 세상 어디보다 좋았다

5
지친 몸은 지병을 얻었다
쏟아지는 잠 때문에 노래를 불렀다
평생 허공 길을 따라다닌
아버지의 눈은 덤불쑥 연기처럼 매웠다
흰 꽃은 흰 꽃을 흔들었다

6
흙먼지가 뿌옇게 일면
아버지의 가묘에도 눈 검은 벌들이 찾아들었다

달팽이

 황동 욕조의 물은 흘러넘치고 소녀는 자신의 몸을 돌보며 누워 있다 한 발을 허벅지에 올려놓은 채 머리카락은 젖어든 채

 그녀의 옆에는 달팽이 한 마리, 소녀의 몸을 천천히 돌아들고 있다 물속의 일은 어찌 되었나

 욕조의 물은 뜨겁고 물은 식지 않고 눈 밟는 소리가 난다 눈 밟는 소리가 수증기 속에 가득 차고 멀어져 가고 가까이 오고 미끄러지고

 욕조 안에서 누워 있는 소녀는 잠이 들고 부풀어 오르는 거품 속으로 가라앉는다 소녀는 깨어나지 못하고

그녀의 골반

1

나비 꿈을 꾸고 엄마는 나를 낳았다 흰 꿈, 엄마는 치마폭에 날 쓸어 담았다 커다란 모시나비, 손끝에 잡혔다가 분가루 묻어나갔다 날개 끝에 고인 몇 점 물방울무늬, 방문 밖으로 날았다 돌담에 피는 씀바귀꽃 그늘을 옮겨 다녔다 나비 날개엔 먼지가 끼지 않았다 한 꿈, 계단 입구에서 두 날개 맞접고 오래 기도하고 있었다 환한 꿈, 나는 오래전 그녀의 골반을 통과한 나비였다

2

초음파상 골반뼈는 하얀 나비였죠 그녀의 골반에 종양이 생겼을 때 보았던 그 나비, 그러니까 그녀의 엉덩이 살 안에 굳은 날개가 있었던 거죠 나는 쉽게 벌어지지 않는 날개 사이로 빠져나왔던 거죠 그러니까 그녀가 좌판에 쪼그리고 앉아, 날품팔이할 때부터 나비는 조금씩 앓고 있었던 거죠 이 세상 마지막까지 날고 있을 흰 꿈 한 꿈 환한 꿈 그러니까 내 속을 빠져나간 어린 나비는, 지금 내 앞에서 폴짝폴짝 날아오르고 있는데요

디 아워스

천천히 걷고
더 천천히 걷게 되는
하루

혼자가 된 여자는 죽도록 사랑한 사람이 있었다고 선을 넘을 수 없었다고 얼굴을 붉힌다

오래된 매화나무를
아침에 가서 보고
저녁에 들르면
희고 맑은 액이 민달팽이가 기어간 흔적처럼 발라져 있다

매화나무는 잘린 가지를 스스로의 진액으로 치유하지
액을 내어 몸에 스미게 하면 곪지 않는다는 말을 새긴다

필 둥 말 둥 한 매화를 종일토록 바라보며

퍼펙트 데이 세럼을 바르고 화장솜에 얼룩이 지면

천천히 걷고
더 천천히 걷게 되는
하루

가지에 푸른빛이 돌기 시작하고

한 사람이 멀리 갔다는 소식이 들렸다

타워크레인

 차라리 기린 무리라고 부르고 싶어요 목을 빼 몸을 교차하면서 허공을 누벼요, 누벼놓아요

 밤낮, 어슬렁 거닐며 구름 너머에 쌓아 올리는 거죠 허공의 십자로에서 바람이 편을 가르고 있어요

 목뼈가 가장 취약하다죠, 허점을 밟아 올라갈수록 발아래는 더 아득해, 행복한 거니까요

 누군가 길은 여기서부터 시작된다고 일러줬어요 웅성거리는 소리 들었어요

 저 건너편 고공 초원

 동물의 왕국은 늘 재방송되죠, 낮달은 인각(麟角)에 걸리고 길쭉한 몸통과 몸통, 부비며 애무하는 사이

 밥상머리 쪽으로 천천히 조여들어오는 그림자

낯익은 하품, 구멍 숭숭한 목뼈가 걸리고 공중분해되는 새떼

빛의 잔해가 붉은 유리창 안으로 끝없이 스며들어요

두부 생각

나는 열흘에 두 번 두부를 사러 가요 사실 두부는 핑계예요 두부의 따뜻함이 좋은 거지요 퍽이나 사랑해요 하지만 두부를 사러 가는 일은 혼자의 몫이에요 함박눈이 오는 일과 비슷한 거지요 혼자 먼 길을 나서 보아요 버스를 타고 차가운 부드러움을 만나러 가는 날이 흥겨워요 소읍 장날마다 가는 거지요 농약을 먹고 죽은 당숙이 사간 농약사가 있고 그릇 집 시계점 미곡상회 장의사를 지나치면 두부 가게가 나와요 검은 개가 골목으로 사라지면 거꾸로 그 길이 보이기도 해요 당숙은 몇 번이나 출소를 했고 요즘 내가 이상한 것 같고 두부 같은 희멀건 얼굴이 떠오르고 그 표정을 집어치우고 싶어도 눈에 귀신나비가 자꾸만 보여요 사람들과 눈빛이 마주쳤지만 더 이상 마주치지 않기로 해요 봉지 안에 든 두부를 끝까지 부서지지 않고 들고 가야 하는 거지요 날이 어두워지면서 두부에서 빠져나온 생각이 흥건히 흘러내려요 그래요, 그랬던 것 같아요 누렇게 식어가는 몸을 본 적 있었던 거지요

우주 달력

 우주의 시작부터 지금까지 백 몇십억 년을 1년짜리 달력으로 환산한 것이야. 우주가 1월 1일 0시에 탄생했고 지금 이 순간이 12월 31일 밤 12시라고 가정한다면 우주 달력에서 태양의 생일은 9월 9일, 지구의 생일은 9월 14일이지. 인간은 12월 31일 밤 10시 30분에 태어났다고 할 수 있어. 문자가 발명된 것은 15초 전 일.

 그렇다면 우리가 만났던 문장은 가능한 걸까 여관방에 두고 온 흰 칫솔모 같은 구름들, 남은 햇볕 바짝 뚫고 나왔던 저녁은, 하얀 항아리 속 환부를 드러내지 못한 날개는, 편지가 적힌 물 항아리를 감싼 바람은, 태어나지도 않은 네가 나와 같은 생년월일인 이곳은, 내가 떠나온 곳은 저곳이 분명한데 내가 네 몸 밀어내고 있는, 어쩌면 영원히 못 건너갈 시간들, 잘 지내고 있는 거지?

4부

네 여자[*]

　글쎄 그게, 줄곧 서 있던 누이인 줄 알았다 누란의 미라 몸빛인 줄 알았다 길바닥 얼어 죽은 가이아, 거죽 속 삐져나온 어미인 줄 알았다

　이 저녁엔 넘쳐나는 것이 안부인가 마저 묻지 못했다

　누가 그녀들에게 길을 물었을까 한 번 들어가면 나올 수 없는 저 몸이라는 곳, 여자 넷 여사제 같은 얼굴 어디에도 대답은 없다

　한 가닥 길고 긴, 어쩌지 못할 눈빛, 제 그림자를 노려보고 있다 내가 맞닥뜨린 바닥에서 검은 백합 꽃술 찐득한 진액이 번져 나왔다

---

[*] 자코메티의 조각 〈받침대 위의 네 여자〉.

당신은 망을 보고 나는 청수박을 먹는다*

이 여백은
나의 입덧의 한때다

당신과 무더운 밤을 나서면

바랭이풀이 물들고
달개비꽃이 피는 언덕배기
청수박 한 통

당신은 망을 보고
나는 투명해지도록 수박을 먹는다

그때 아이의 까만 눈이 생기고 둥근 입이 생겼지
침샘이 소르르 돋고 솜털이 올라왔지

바랭이풀이 우거지고 달개비꽃이 번지는

이 노래는

나의 입덧의 절정이다

나는 달을 게워내고
당신은 구름을 밀어내고

여름밤은 어디가 어딘지 모른 채 흘러가고

* 정선의 그림 서과투서(西瓜偸鼠)를 보고.

향로를 보러 가지 않겠어요

 당신과 전시회를 가지 않았더라면 나는 비색을 보지 못했겠지요 비밀스런 마음을 입은 지 며칠, 향로를 보러 가지 않겠느냐고 쪽지를 보내왔지요 그 푸른색은 당신의 머리칼에서 시작되었고

 옛 궁전 길을 따라 걸을 때 당신을 자꾸만 건너다보았어요 흑토와 백토가 어우러진 듯 희끗해지는 머리칼에 마음이 빼앗겼지요 나뭇잎 하나가 떨어지는 동안 우리는 숲머리에 멈췄지요

 꽃술과 엽맥을 줄곧 따라가며
 당신 머리칼을 뒤져보고 싶었지요
 구름이 흘러가는 동안
 섞여드는 말소리와 물소리

 그때 슬쩍 당신은 물총새가 날아오르는 꼬리 비(翡)자를 귀띔했지요 푸른 물을 차고 오를 때만 볼 수 있다는, 물 긷는 소리와 당신의 머리깃이 닿일 듯 말 듯 출렁였지

요 고개 들 때마다 마주한 찬란을 떠올렸지요

아마포를 깔고

봄날엔
아마포를 깔고
이팝꽃 그늘 아래 앉는 일

유리구슬 깃털 흰 돌 검은 돌

어둑어둑해지는 길
아마포 얇은 천을 깔고
등불 내다 거는 일

아홉 달 열 개의 지문 숨은 구름

작고 낮은 방 하나를 얻고
꽃대가 오르고

색색의 깃발들 잠깐 나부끼다가
어딘가로 떠나갈

검은 별 면사포 흰 무지개의 귀

사람의 일 다들 안녕하기

화서(花書)

 꽃의 서문을 받았다 4월의 꽃이라 했다 예루살렘에서 보내온 그녀의 편지, 도착하는 동안 무게를 버렸다 옮겨온 것은 향적(香積), 꽃은 종이의 첫 마중이라 했다 따라온 포엽*, 나는 당신을 믿습니다 약속을 거두는 작은 소용돌이, 종이는 꽃의 마지막 배웅이라 했다 스스로를 봉쇄한 그녀가 무릎 꿇는 시간, 폭염 속 꽃이 당도한 시간은 폭설이었다 그녀의 깃펜이 함께 동봉되어 왔다 오늘 꽃의 속지에는 장례미사가 있었다 나는 눈을 감았고 떨리는 눈꺼풀 위로, 문득 그녀의 야윈 손이 만져졌다

* 꽃이나 화서를 보듬는 작은 잎.

일요일의 언덕

나는 죽은 시인의 시집을 들고
길을 나서는 습관이 생겼다

나의 하루는 늘 왼발 오른발, 왼발 오른발 백 쪽가량 책의 무게는 나를 멀리 가게 한다 광장을 돌아 백 년 전 마을까지 간다 기우뚱거리는 겨울이 오고 날개는 이미 떨어져 있다 가내수공업을 하는 여인들의 낮은 목소리가 안개처럼 피어오르는 골목, 아직 생이 완성되고 있는 중이다 얼어붙은 장미 얼어붙은 손 저녁의 땅에 발을 내딛는다 일요일의 언덕에는 노란 꽃들, 몸이 젖어들고 나는 무언가를 기다린다 철길 차단기가 천천히 내려간다 긴 어둠이 눈부시게 반짝이고 멀리서 웃음소리가 차오르면 혼자의 걸음 왼발 오른발, 왼발 오른발 불 켜진 창문을 지날 때 나는 인간의 시를 떠올린다

근친

사과를 깎다가
촛불을 켜다가
검은 바둑돌을 무너뜨리다가

허공은 가까워
문질러 본다, 따뜻하다

하루는 그래도 멀고
사과를 말리고
촛농과 주검
흰 뿌리와 검은 뿌리의 나무를 그린다

먼 데서 오기까지
얼마나 걸렸을까

내려선 눈매, 벼랑 끝에 매달린
눈동자에서 흰 실이 풀린다

내가 근친한 나

스스로를 속이는 어둠은
한 겹 한 겹 풀리다가 바닥나 버리고

흰 벽의 애인들*

1
스크린에 불 들어오면 노란 원피스의 애인
발목이 하얘진다

춤출까요 레이스 손수건을 펼치면 눈발 속 먹기러기 날고

가득 차오르는 숨소리 슬픈 식민지의 애인은 손을 놓친다

2
부드러운 입을 열어 보였지
손거울로 얼굴을 비춰보는 대낮을 지나

오래 망설이는 입속을 더 크게 열어

밤이면 걷는 달빛,
붉고 따뜻하고 부드러운 이 계절은 혁명처럼 불이 났

고 슬픈 식민지의 애인은 손을 다시 잡고

3
두 손이 서로의 저녁에 닿는다면

얼마나 머물렀을까
일어섰다가 스러지는 흰 먼지들

문 안으로 잘못 날아든 눈발이 한 치 앞이었다고 바람
은 밤으로부터 총성을 감춘다

* 화가 이인성을 그리며.

인어

 어떤 마음은 늙지도 않고 병들지도 않는다 커튼을 올리니 서리가 내렸고 나는 추사의 연인에서 넘어가지 않는다

 넘실대는 파도(浪) 아름다운 옥돌인 낭간(琅玕), 이낭간(李浪玕)이라는 이름이 내내 또렷했다 밤새 연인은 그림을 그렸고 시를 짓다가 비구니가 되었다 모란대 암자에 들어 아직 어딘가에 살고 있다 깜빡 졸음이 들었다

 묵죽을 치는 애기(愛妓)는 물에 눈이 베였던 일이 있었다 인어가 되었다는 말, 그리움은 사람의 것만은 아니었다

 갈수록 아름다워져 불로의 몸을 얻었다는 마지막 장에 책갈피를 끼운다 커튼을 닫으면 흰 서리가 내린다 내게 남은 날을 꺼내어 첩지를 덧대면 물비늘이 멀리까지 어른거린다

명옥헌

- 한 시인이 도착했을 때 나비 두 마리가 놀고 있는 줄 알았다고 했다 여자는 눈이 멀었고 딸은 얼굴이 꽃같이 예뻤다고 했다

하지를 훨씬 넘어서였다 긴 눈썹 그림자를 두른 때문일까 연못에는 꽃나무의 구불거림이 흘러넘쳤다 바람이 없으면 좋을까

꽃가지에서 빛을 뽑아내는 여자의 눈빛이 아물거렸다 낮달에서 부서지는 딸은 나비를 쫓으며 놀고 있었다

여자와 딸이 서로를 간질이는지,

간지럼나무는 물가로 드러눕고 있었다
물속으로 멀어지는 구름, 주름 접힌 꽃들, 실가지는 길을 자주 바꿨다

붉은 꽃그늘이 깔리고, 여자와 딸은 싸온 도시락을 언제쯤 먹을까, 바람이 불어오면 더 좋을까 물소리가 물소리와 부딪쳤다

곁*

*

그 겨울 북쪽은 폭설이 잦았다

*

야산의 무덤가를 떠돌다가, 토성의 고리 같은 길 머뭇거리다가 돌아오곤 했다

*

언제쯤 오냐고 그리움의 끝 그 곁에서 혀를 굴렸다 쟡 곁 졋…… 젖은 눈을 게워내는 새소리 들렸다

*

굽은 길 에돌았다 배곯지 마라 오랜 말씀을 들었다 혓바닥에 찍힌 말발굽 자국

*

눈이 다시 내리기 시작했다

*

나뭇가지를 흔들어 눈발을 받아먹었다 녹지도 않고 뱉을 수도 없는 어둠, 너무 늦지 마라 돌아드는 길

*

눈 위에 쓴 글자들은 가장 먼 곁으로 먼저 내딛고 있었다 나를 끌어당기는 그림자를 쓰다듬었다 끝내 말할 수 없었다 눈이 눈을 덮었다 쟡 곝 졎……

* 곁을 경상도 사투리로 쟡 또는 곝으로 말하곤 한다.

무무

 그녀는 무무라는 집에 살고 있다 무무라는 모자를 쓰고 무무라는 만화경을 들고 세상에 없는 이름을 불러댄다 무무라는 집에는 언젠가의 무지개가 살고 무주공산이라는 그림이 벽에 붙어 있어 우울이 찾아오면 바로 뒷걸음질 쳐 도망간다 꽃이 있던 자리, 그녀의 집에는 언제 보아도 식탁이 두 개, 이유 없이 원탁을 들여놓자 둘러앉을 일이 자주 생겼다 사람들이 모이기 시작했고 독주를 마시며 그 봄에 있었던 이야기를 스스럼없이 했다 다들 잘 견뎌 왔다고, 벌써 아무렇지도 않은 것이 이상하다고 창밖을 내다보며 비가 오는 일은 좋은 일이야 참, 무무를 잊었네 원탁을 벗어났다가 다시 제자리를 찾아 앉는다 테이블 모서리에서 노래를 한 곡씩 부른다 날이 밝으려면 멀었어 내일 찾아 헤매야 할 일은 뭐지 무무라는 슬픔을 잊으려고 잠시 조용해진다 되풀이되는 후렴구를 붙여 넣고 무덤 속 같은 물을 마시며 지친 빛을 찾아 밤을 새우고 있다

| 해설 |

흰 산으로 남은 슬픔의 이해

송재학(시인)

간송미술관이 소장한 겸재 정선의 〈서과투서(西瓜偸鼠)〉 (30.5×20.8cm)는 이른바 화훼영모화 계열의 채색화이다. 초록색이 도드라지는 이 그림은 "정취보다는 기세를 중시하고, 감성보다는 이성에 호소하는" 이왕의 겸재 화풍과 다르게 '서정적이고 섬세'하다는 평을 받고 있다. 들쥐 한 쌍이 수박을 훔쳐먹고 있는 구도는 여름 한낮을 촘촘하게 보여주고 있다. 수박의 붉은색과 쫑긋거리는 두 마리 쥐의 대비와 더불어 초록색 덩굴과 잎은 여름 무더위라는 정념을 한껏 뽐내고 있다. 색채가 정경의 앞으로 훌쩍 돋을새김한 이 그림을 소재로 한 시인의 시편 「당신은 망을 보고 나는 청수박을 먹는다」에서 겸재가 도달하고자 한 사물/정조의

안과 밖은 이 시집의 지향점을 시사한다. 자신의 노래가 사물과의 인과라는 사실을 적시하는 시인의 화두는 "이 여백은/나의 입덧의 한때다"라는 구절에 맴돈다. 〈서과투서(西瓜偸鼠)〉의 여백이 여름의 기운을 가득 품은 초록색이라면, 시인의 여백은 여성성의 입덧이다. 그 둥근 육체가 잉태한 갈망은 "물컵을 바라보는 일이/여백 바깥으로 걸어"(「걸어가는 여인」)가는 일처럼 사물에 대한 무한 발화이거나 "찾아오던 새가, 저녁에 죽어/더 이상 기다릴 수 없"(「물의 미사」)는 것처럼 세계의 임계와 끊임없이 부딪치는 상황이다. 그러기에 "그곳에는 빌어먹을, 스무 살이 서사도 없이 도착하고 있"(「스무 살」)다라는 욕지기가 낯설지 않기에 그 욕지기마저 우리의 애도가 되고 있다. 석미화의 첫 시집은 이 지점에서 무수한 감정의 진자운동을 지속하고 있다.

먼저 정갈함이 깃든 언어의 씨족 사회를 눈여겨볼 필요가 있다. 바람이나 구름의 술어로 재현하는 언어의 활유 군락이다.

  우리는 영구차 먼지 속에서 미루나무처럼 크고 싶었다
(「흰 강」)

  오늘 압정을 박아 벽에 걸어 두지 않으면 나는 내 몸을/

못 박아둬야 한다 (「리넨 생각」)

저녁 눈 속으로 들어갔나요 저기 어딘가 흰 산이 우는 소리 따라갔나요 (「왕오천축국전」)

차라리 당신은 유목을 떠나고//내가 뭘 쓸 수 있을까 생각하는 밤 (「당신은 유목을 떠나고」)

나는 내 눈동자와 입을 맞추고 있었다 눈 뜨고 올려다보면 물속에 누워 있었다/물 밖으로 나갈 수 있을까 젖지 않았는데 (「꿈」)

이 저녁엔 넘쳐나는 것이 안부인가 마저 묻지 못했다 (「네 여자」)

그녀의 편지, 도착하는 동안 무게를 버렸다 (「화서(花書)」)

눈 위에 쓴 글자들은 가장 먼 곁으로 먼저 내딛고 있었다 (「곁」)

이 맑은 언어의 날숨들은 시인의 현실 또는 정체성과 직렬연결되었다. 사물/사유와 삼투하고 호명하면서 생을 통과하려는 시인의 목소리와도 일치한다. 이 현실에 간섭하는 '죽음'이라는 감정은 부지런하면서도 중요한 석미화 시의 의미장이다. 석미화 시에서의 죽음은 우선 생물학적 죽음과 결이 다르다. 그 죽음은 생의 대립으로서의 죽음이 아니라 생의 의미로서의 죽음이다. 그러니까 "목을 베도 살아있는"(「하양」) 구절처럼 생을 감싸면서 운동하는 죽음이면서 "저 흰 꽃을 얹고 마주한 눈빛 어둠"(「하양」)처럼 생을 응시하는 죽음이다. 따라서 마른 나뭇가지에서 돋아나는 푸른 잎의 플롯이라는 석미화 시의 가열한 논리가 탄생한다.

    언젠가 강바닥을 퍼내자 슬리퍼가 딸려 나왔다 왜 혼자 거기서 죽었지, 말들이 떠돌았다

    아이들은 가끔 고열을 앓았다 흙마당에서 굿판이 벌어졌다 당고모는 물고 있던 칼을 강 그림자 바깥으로 던졌다 백동전을 주으러 가는 새벽

    강은 매일 허옇게 변해갔다 한 번씩 서로의 몸을 엮어 물살을 거슬러 올랐다

    우리는 영구차 먼지 속에서 미루나무처럼 크고 싶었다
                                               – 「흰 강」 전문

강바닥을 퍼내자 나온 슬리퍼, 죽음의 흔적이자 소문에서 생성된 말들이 떠돌았다. 석미화 시의 출발점이자 소실점이 여기 '흰 강'에 있다. '흰 강'이란 환유가 주검이라는 재(灰) 속에서 생의 이유를 남기면서 질문을 이끌어낸다. 아이와 당고모라는 병과 주술 사이의 공감각이 '흰 강'의 서정을 증폭시킨다. 그리고 "우리는 영구차 먼지 속에서 미루나무처럼 크고 싶었다"라는 진술과 마주친다. 이 진술의 외부는 주검의 흔적을 통과하면서 신산한 세계를 무르팍걸음으로 헤쳐나가려는 민감한 장치가 가득하다. 그러기에 시인의 '흰' 죽음은 생과 반복 교차하는 정신을 발명하고 있다.

새벽 지하철 안, 소녀는 바닥에 처박힌 듯 별안간 눈을 뜬다 울음은 입 밖으로 흐르지 못한다 진흙 인형처럼 물결을 붙들다가 실눈을 뜨면 뱀이 지나가는 열기 검은빛의 물속
　　　－「몸에 못이 박히면 눈이 생긴다」 부분

소녀는 지하철에서 잠을 자다 '별안간' 눈을 뜬다. 검은빛의 불투명한 물속의 세계를 통과하는 것이다. 진흙 인형이라는 기이한 죽음/주검이라는 과정에 눈튼다는 것, 그리고 생의 고해라는 되새김에 의해 몸에 못이 박히는 것까지 오롯이 주관적인 양식이다. 그 지점을 시인은 '눈이 생긴다'라는 영성의 시학으로 들여다본다. 스스로의 죽음을

자신이 본다는 것, 정신이 일상에서 '영산으로'(「물도서관」) 이동하는 찰나를 붙잡은 것이다. 그러므로 그 죽음은 생의 무화가 아니라 생의 접변이다. 죽음이되 생을 바라보는 죽음, 친연성이기조차 한 죽음, 그리하여 생을 다시 들여다보게 하는 기호로서의 죽음이다. "나는 내 눈동자와 입을 맞추고 있었다 눈 뜨고 올려다보면 물속에 누워 있었다/물 밖으로 나갈 수 있을까 젖지 않았는데"(「꿈-얼룩」)라는 구절처럼 생과 죽음은 대구(對句)이자 언어 속으로 무람하게 들어온 집적물이다. 내 눈동자와 입을 맞추는 나와 물속에 누워 있는 나가 존재하는 것처럼 나는 죽음의 이쪽과 저쪽에서 동시에 곤혹스러운 실존을 경험한다. 죽음조차 생이라면 죽음 다음의 감각 세계가 있을 터.

구름이 남쪽에서 북쪽으로 몸을 바꾸자
새는 사라지고 흰 책이 펼쳐졌네

- 「물의 미사」 부분

구름이 남쪽에서 북쪽으로 바뀌면서 새가 사라지고 펼쳐진 흰 책의 현상은 공중과 성층권의 행사이긴 하지만 시인의 세계/내면을 해석하고 싶다는 갈망을 잘 드러낸 부분이다. 구름의 질료로 편집되어 상재된 흰 책을 펼치는 감정은 "포장지에 쓰인 먼 나라 이스라엘(「향나무는 향기가 잘 려나가고」)"이라는 까마득하게 먼 곳에의 지향성이기도 하다. 먼 곳은 영성을 포함해서, 시적인 것까지 포함한 내면의 세계이다. 따라서 그곳까지 도달하는데 필요한 "이스마엘이 누구인가(「향나무는 향기가 잘려나가고」)"라는 의문에 대한 열망이 아지랑이처럼 일렁거린다. "몸을 구름 속으로 말아 넣고 벌거벗은 채 있었다 얼굴 모르는 남자가 사제복을 입혀주었다"(「꿈-얼룩」)라는 환상도 마찬가지 열망이다. "꽃의 서문을 받았다 4월의 꽃이라 했다 예루살렘에서 보내온 그녀의 편지, 도착하는 동안 무게를 버렸다 옮겨온 것은 향적(香積), 꽃은 종이의 첫 마중이라 했다"(「화서(花書)」)는 아름다움도 그 영성에 대한 내면의 답변이다. 단정해서 말한다면 시인은 생의 기웃거림에 대한 열망을 생의 이유로 번안한다. 기웃거림이 이유이자 열망이 된다는 것, 그것은 불가능의 가능이니까 미학을 동반한다. 그러니까 석미화의 영성은 철저하게 근원에 대한 잠재태이다.

　　이제 어디로 갈까요 조금 전까지 내 옆에 있던 그를 못 봤나요 아무도 없었어요 저녁 눈 속으로 들어갔나요 저기 어딘가 흰 산이 우는 소리 따라갔나요
　　　　　　　　　　　　　　　　－「왕오천축국전」부분

시인이 저녁 눈 속으로 들어가는 정경이 아프도록 아름답다. 흰 산이 우는 소리(이미지에 가까운 소리에 귀 기울여 보자)를 따라가는 그가 있고 또 그를 따라가는 내가 있

다. 그는 나의 앞선 존재이면서 나의 의식 일부이기도 하다. 흰 산과 그와 나로부터 음악의 느낌이 도래한다. 흰 산은 세상의 먼 곳부터 세상 너머까지 포함한 세계이기에 어디선가 몇 개의 먼 불빛이 깜박일 풍경이다. "언제쯤 오냐고 그리움의 끝 그 곁에서 혀를 굴렸다 잗 곁 졎…… 젖은 눈을 게워내는 새소리 들"(「곁」)리는 목소리 또한 그 옆에 느리게 있다. 시인은 자신이 걸어가야 할 -"나는 죽은 시인의 시집을 들고/길을 나서는 습관이 생겼다"(「일요일의 언덕」)- 라는 운명을 수용하면서 '흰 산'을 자신의 앞날로 받아들이는 것이다. 아니 흰 산까지의 여로가 더 소중한 앞날이다.

글쎄 그게, 줄곧 서 있던 누이인 줄 알았다 누란의 미라 몸빛인 줄 알았다 길바닥 얼어 죽은 가이아, 거죽 속 삐져 나온 어미인 줄 알았다

이 저녁엔 넘쳐나는 것이 안부인가 마저 묻지 못했다

누가 그녀들에게 길을 물었을까 한 번 들어가면 나올 수 없는 저 몸이라는 곳, 여자 넷 여사제 같은 얼굴 어디에도 대답은 없다

한 가닥 길고 긴, 어쩌지 못할 눈빛, 제 그림자를 노려보

고 있다 내가 맞닥뜨린 바닥에서 검은 백합 꽃술 찐득한 진
액이 번져 나왔다

─「네 여자」 전문

 시의 주석에 의하면 자코메티의 조각 〈받침대 위의 네 여자〉가 소재가 되었다. 넘쳐나는 안부에 의하면 우리가 걸어가야 하는 길 위에 네 여자가 있다. 네 여자는 누이이고, 누란의 미라이면서, 가이아이고, 어미이다. 생사처럼 우리를 감싸고 우리를 덮으면서 우리 고통의 근원을 따라 헤매는 스스로의 페르소나이다. 고통과 축복에게 길을 묻는 비애가 있다. 그러기에 저녁의 안부를 쉽사리 챙기지도 못한다. 그 안부는 네 여자의 고통과 축복이면서 동시에 길을 가야만 하는 훨씬 더 깊은 나의 '찐득한' 검은 백합 꽃술의 고통이다. 여기서 고통과 축복은 등가의 감정이라는 게 시인의 의도이다. 검은 백합 꽃술 찐득한 진액에서 '백합꽃'이라는 축복이 '검'고 '찐득한' '진액'의 괴로움을 떠받치는 꽃받침의 형상이다.

 '흰'이라는 표제어는 이 시집의 표지쯤에 해당된다. 그것은 '흰 책', '흰 강', '흰 꽃', '흰 천', '흰 두루마리', '흰 산', '흰 막', '흰 갈기', '흰 벽', '흰 먼지' 등으로 등장하다가 '리넨'으로 귀결된다.
 시 「그 집은 아직 희다」에서도 '흰' 혹은 '희다'의 고유성

이 있다. 불안과 두려움의 소녀가 어떻게 시인이 되어 세계를 해석했는가라는 여정을 드러낸 이 시에서 시인은 '헛간', '소년 소녀', '뱀 대가리', '춤'의 갈래를 통해 작은 세계부터 보여준다. 우선 '헛간'은 "늘 바깥으로 고리가 채워져 있"는 폐쇄된 공간이다. 누군가 평생을 걸어 들어가서 스스로 잠그는 공간이다. 공간이지만 평생이라는 시간이 부속된 장소이다. 헛간은 모든 것이 잡다하게 모여 집적된 – 헛간의 종교성을 짐작해 보자면– 곳이면서 또 지금 사용하지 않는 모든 물성의 집합체이다. 쓸데없는 시공간이야말로 정화와 영성이라는 장소에 걸맞다는 것을 시인은 지적하고 있다. 그리고 '소년 소녀'가 있다. 송장메뚜기를 잡아 강아지풀에 끼우는 끔찍한 원죄를 가진 소년과 소녀이다. '뱀 대가리'는 주술과 서정에 걸맞은 사물이고 마지막으로 '춤'은 '근친은 이제 없'기에 죄의식을 불태우는 의식의 과정이다.

세계 해석의 의무를 가지면서 세상 속으로 걸어 들어가는 유목의 행사는 따라서 시인이 반드시 거쳐야 하는 경험치이다.

  차라리 당신은 유목을 떠나고

  내가 뭘 쓸 수 있을까 생각하는 밤

당신의 남쪽에 머무르는 동안

어디까지가 꿈인 줄 모르고 흔들리는 나날들
   － 「당신은 유목을 떠나고」 부분

유목은 '당신의 고단'이며 '떠도는 밤'의 북쪽이다. 당신은 평생을 걸어 헛간에 들어간 그 당신이다. 당신의 유목은 "내가 뭘 쓸 수 있을까 생각하는 밤"에 해당된다는 결구에서 의미를 넘나드는 발광체가 된다.

나는 이곳까지 와서
리넨 열여덟 조각에 사로잡힌다

예레미야 수녀의
머릿수건만큼 깨끗하게 바라보았다
눈물이 나려고 하자

비춰 드는 허공의 길이도 재어 보았다
열여덟 폭은 서로를 엮고 있었다

저 많은 빛을 찾아 나는 여기에 왔나

무희의 춤인 듯 자작나무 그림자가 흰 강과 언덕을 건너

가고

더 날아오르자

하지만 곧 어두워지는데
오늘 압정을 박아 벽에 걸어 두지 않으면 나는 내 몸을
못 박아둬야 한다

― 「리넨 생각」 부분

리넨은 아마포 재질로 인류에게 오래된 의복용 섬유이다. 청량감으로 깨끗함(혹은 더러움이기도 하다)의 상징이다. 시인은 리넨과 공중을 타오르는 무희의 손가락 사이의 접점을 주목한다. 그 이미지는 스테인드글라스 속의 성화와 닮았다. 리넨은 불타오르면서 정화라는 표백의 힘을 얻었다. 예레미야 수녀의 머릿수건이라는 은유가 지시하듯 리넨은 순수한 눈물에 잠기게 하는 빛이면서 "저 많은 빛을 찾아 나는 여기에 왔나"라는 밝은 정신의 고백이기도 하다. 그러기에 "오늘 압정을 박아 벽에 걸어 두지 않으면 나는 내 몸을/못 박아둬야 한다"는 고해의 과정이 이토록 섬세하다.

산중에 비가 오려면 바람이 먼저 나뭇잎들 사이에 가득하다. 죽음의 부정성 내지는 언어와의 투명성이라는 오랜 싸움을 통해 도착한 곳에서 시인은 "무무라는 집에 살고

있다 무무라는 모자를 쓰고 무무라는 만화경을 들고 세상에 없는 이름"(「무무」)을 부르면서, 살아남은 자의 슬픔이 아니라 살아남기 위한 슬픔이라는 각인을 손바닥에 올려놓고 있다. 그곳에서 메멘토 모리(죽음을 기억하라)를 재현하는 바니타스 정물화의 부피와 무게로 자리 잡은 흰색의 시집을 본다.

시인수첩 시인선 044

당신은 망을 보고 나는 청수박을 먹는다

ⓒ 석미화, 2021

초판 1쇄 인쇄 2021년 4월 8일
초판 1쇄 발행 2021년 4월 15일

지은이 | 석미화
발행인 | 이인철

펴낸곳 | (주)여우난골
주　소 | 서울특별시 강남구 언주로30길 27. 606호 (도곡동 우성리빙텔)
전　화 | 02-572-9898
팩　스 | 0504-981-9898
등　록 | 2020년 11월 19일 제2020-000328호

블로그 | blog.naver.com/seenote
이메일 | seenote@naver.com

ISBN 979-11-973577-2-5 03810

* 파본은 구매처에서 바꾸어 드립니다.
* 이 시집은 2019년 아르코 문학창작기금의 수혜를 받아 발간되었습니다.